Bibliografische Information der Deutschen Nationalbibliothek:

Die Deutsche Bibliothek verzeichnet diese Publikation in der Deutschen National-
bibliografie; detaillierte bibliografische Daten sind im Internet über http://dnb.d-
nb.de/ abrufbar.

Impressum:

Copyright © 2018 GRIN Verlag
Druck und Bindung: Books on Demand GmbH, Norderstedt Germany
ISBN: 9783668833586

Dieses Buch bei GRIN:

https://www.grin.com/document/448663

Leonardo Hübscher

Aus der Reihe: e-fellows.net stipendiaten-wissen

e-fellows.net (Hrsg.)

Band 2910

Maschinelles Lernen im Onlinehandel

Eine Extraktion produktspezifischer Daten

GRIN Verlag

GRIN - Your knowledge has value

Der GRIN Verlag publiziert seit 1998 wissenschaftliche Arbeiten von Studenten, Hochschullehrern und anderen Akademikern als eBook und gedrucktes Buch. Die Verlagswebsite www.grin.com ist die ideale Plattform zur Veröffentlichung von Hausarbeiten, Abschlussarbeiten, wissenschaftlichen Aufsätzen, Dissertationen und Fachbüchern.

Besuchen Sie uns im Internet:

http://www.grin.com/

http://www.facebook.com/grincom

http://www.twitter.com/grin_com

Zusammenfassung

Durch die Vielzahl von Onlineshops und Fülle an Angeboten verliert der Onlinekäufer schnell die Übersicht. Preisvergleichsplattformen wie idealo helfen dem Kunden das günstigste Angebot im Netz zu finden. Die Gewährleistung der möglichst vollständigen Markttransparenz ist eine grundlegende Herausforderung für idealo. Das von uns entwickelte Softwaresystem Scout soll dabei helfen, den Produktkatalog von idealo auf Vollständigkeit zu überprüfen und fehlende Angebote aufzulisten. Ein wichtiger Prozessschritt ist dabei die Extrahierung von Produktinformationen, wie Produktname oder Preis, aus den einzelnen Webseiten. Die Schwierigkeit der Extraktion liegt darin, dass jeder Shop einen individuellen Aufbau besitzt und unterschiedlich strukturiert ist.

Das entwickelte Parser-Modul löst dieses Problem, indem es für jeden Shop eigene Regeln zur Extraktion der Produktinformationen verwendet. Dabei ist es nicht erforderlich, dass diese Regeln manuell erstellt werden müssen. Durch die Nutzung der bereits vorhandenen Angebote aus dem Bestand von idealo kann die Extrahierung der Struktur mittels maschinellen Lernens erfasst werden. Messungen, welche auf 50 verschiedenen Shops basieren, haben ergeben, dass die Produktinformationen mit einer Precision von über 95 Prozent bei einer Accuracy von etwa 50% extrahiert werden können.

Inhaltsverzeichnis

1. Die Welt der Preisvergleichsportale

Der Fernhandel ist bereits seit Urzeiten ein wichtiger Bestandteil der Gesellschaft. Durch die rasante Entwicklung des Internets und die steigende Anzahl der Onlinehändler vergrößert sich das Produktangebot. Heutzutage kann ein Käufer aus einer Vielzahl von Artikeln wählen und muss sich nicht, wie in der Urzeit, auf einen Händler oder auf die lokale Verfügbarkeit beschränken.

1.1 Der Onlinehandel von heute

In den letzten Jahren hat der Onlinehandel sowohl an Bedeutung für die Unternehmen, als auch für die Kunden gewonnen. Laut einer Statistik von Eurostat machte im Jahr 2017 der Onlinehandel 21% des Gesamtumsatzes deutscher Unternehmen aus und stellte somit einen nicht unerheblichen Anteil an der wirtschaftlichen Leistung dar [4]. Aus einer weiteren Untersuchung geht hervor, dass 2017 zwei Drittel der Deutschen regelmäßig online einkauften [3].

Diese Entwicklung bringt jedoch ein Problem mit sich: Mit der steigenden Auswahl an Produkten und vor allem Händlern verliert ein potenzieller Käufer schnell die Übersicht. Preisvergleichsportale versuchen deshalb die Markttransparenz wiederherzustellen. Ein Käufer sollte sich sicher sein können, das für ihn günstigste Angebot zu finden.

Das Angebot der Vergleichsportale wird von den Internetnutzern gut aufgenommen, wie eine Messung von 2017 zeigt: Für einen besseren Vergleich nutzen rund zwei Drittel der Online-Käufer die Möglichkeit, sich im Internet zum Produkt oder zum Preis zu informieren [1, 2]. In einem vom Nachrichtensender n-tv beauftragten Test[1] hat das Deutsche Institut für Service-Qualität mehrere Preissuchmaschinen unter dem Aspekt des

---

[1] https://disq.de/2014/20141004-Preissuchmaschinen.html

günstigsten Preises, der Aktualität des Preises und dem Nutzererlebnis verglichen. Im Ergebnis hat idealo.de in allen Kategorien den ersten Platz eingenommen, gefolgt von billiger.de und preis.de. Es wurde jedoch bemängelt, dass selbst beim besten Preisvergleich nur für die Hälfte der Produkte das günstigste Angebot angezeigt wurde.

1.2 Das Preisvergleichsportal idealo

Die Mission des Preisvergleichsportals idealo ist es, im Sinne der Kundenzufriedenheit den Vergleich stetig zu verbessern. Je mehr Angebote idealo vergleicht, desto sicherer kann sich der Kunde sein, tatsächlich das günstigste Angebot zu finden. Dazu schließt idealo Verträge mit mehreren Onlinehändlern ab. Diese Händler verpflichten sich, Daten zu ihren Angeboten an idealo zu übermitteln und zu aktualisieren. Für jeden vermittelten Kauf zahlen die Shops an idealo eine Provision. Diese Provision basiert auf CPC (Kosten pro Klick) oder CPO (Kosten pro tatsächlicher Bestellung).

Wie bereits in Kapitel 1.1 erwähnt, zeigt idealo bereits für 50% der Produkte den günstigsten Preis. Um auch zukünftig wettbewerbsfähig zu bleiben, arbeitet idealo daran, auch für die letzten 50% der Produkte immer das beste Angebot liefern zu können. Dies erreicht idealo zum einen durch Vertragsabschlüsse mit weiteren Onlineshops und zum anderen durch die Sicherstellung, dass tatsächlich alle Angebote eines Vertragspartners gelistet werden.

1.3 Das Ziel des Bachelorprojektes

Das Projektziel bestand darin, eine Software zu entwerfen, welche eine automatisierte Bestandsanalyse für gegebene Vertragspartner durchführt. Mit Hilfe des resultierenden Berichtes soll es möglich sein, herauszufinden, welche Angebote des Onlinehändlers im Produktkatalog von idealo fehlen.

Der Ergebnisbericht soll Informationen darüber enthalten, welche Produkte nicht vorhanden sind und zu welcher Preisregion die Produkte gehören. Durch diese Übersicht soll ein Mitarbeiter von idealo dazu befähigt werden, die Ursachen für das Fehlen der Angebote herauszufinden.

Mitarbeiter von idealo vermuten, dass ein unbeabsichtigtes Fehlen von Produkten möglicherweise durch einen fehlerhaften Importvorgang zu erklären sei. Zudem könnte es sein, dass ein Händler aufgrund spezieller Vertragsbedingungen bewusst nicht alle Produkte bei idealo führen möchte.

Für die Entwicklung dieser Softwarelösung hatten wir als fünfköpfiges Team neun Monate Zeit. Zudem wurde uns ein Betreuer von idealo zur Seite gestellt, welcher die funktionalen Anforderungen an die Software kommunizierte und als technischer Berater diente. Er begleitete uns während des gesamten Entwicklungsprozesses und unterstützte uns bei Fragen bezüglich der Systemarchitektur.

1.4 Die Microservice-Architektur des Scout-Softwaresystems

Wir haben uns dafür entschieden, das Gesamtsystem als Microservice-Architektur zu konzipieren. Die Microservice-Architektur ermöglicht es logisch gekapselte Komponenten zu entwickeln, welche sich sehr gut skalieren und erweitern lassen. Eine ausführlichere Begründung für diese Architekturentscheidung kann in der Bachelorarbeit von Dmitrii Zhamanakov nachgeschlagen werden [7]. Für die Implementierung der Architektur haben wir die Programmiersprache Java gewählt und verwenden diese in Kombination mit dem Spring-Framework[2]. Das entwickelte Gesamtsystem *Scout* besteht aus drei zentralen Komponenten: dem Crawler, dem Parser und dem Matcher.

---

[2] https://spring.io/

In Abbildung 1 ist der Datenfluss zwischen den Komponenten dargestellt.

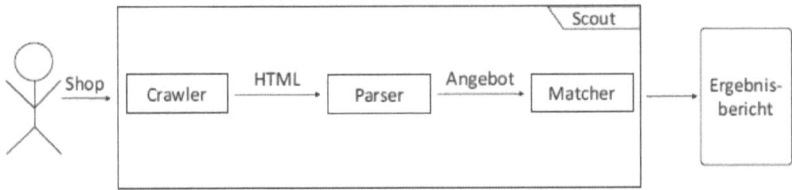

Abbildung 1: Datenfluss des Softwaresystems Scout

Der Crawler ist für das Herunterladen jeder einzelnen Seite eines durch den Nutzer spezifizierten Shops verantwortlich. Jonas Pohlmann hat sich im Projektverlauf intensiv mit verschiedenen Crawling-Frameworks auseinandergesetzt und diese in seiner Bachelorarbeit verglichen [5].

Die Funktionsweise der maschinenlernbasierten Matcher -Komponente wird in der Bachelorarbeit von Tom Schwarzburg näher beschrieben [6]. Der Matcher vergleicht die vom Parser gefundenen Angebote mit denen, die idealo bereits kennt und liefert einen Bericht, in dem alle fehlenden Angebote aufgelistet werden.

Damit diese Komponente die geladenen Angebote mit dem Katalog von idealo vergleichen kann, muss das heruntergeladene HTML-Dokument in ein Format gebracht werden, welches der Computer für den Vergleich nutzen kann. Diesen Schritt erledigt der Parser, welcher zwischen Crawler und Matcher agiert. Der Fokus dieser Bachelorarbeit liegt in der Beschreibung der Funktionsweise und des Aufbaus des Parsers.

2. Die Extraktion produktspezifischer Daten

Der Parser ist dafür verantwortlich die für den Vergleich relevanten Produktinformationen aus HTML-Dateien zu extrahieren und zu normalisieren. Dies sind wichtige Prozessschritte, da die Qualität der extrahierten Werte die Ergebnisse der Matcher-Komponente stark beeinflussen.

2.1 Die technischen Anforderungen an den Parser

Die Herausforderung der Parser-Komponente besteht hauptsächlich darin, das heterogene Informationsschemata der verschiedenen Shops in ein homogenes, genormtes Schema zu bringen. Im Detail geht es darum, zu jedem Angebot den Titel, die Produktbeschreibung, den Preis, die Marke, die Kategorie, die Produktbilder sowie weitere eindeutige Merkmale im Format von idealo zu erfassen. Diese eindeutigen Merkmale sind zum Beispiel die standardisierte EAN (Europäische Artikelnummer), HAN (Händler Artikelnummer) und SKU (Stock keeping unit – eine shop-spezifische Kennung).

Da die Crawler-Komponente viel Zeit benötigt um alle Seiten zu erfassen, spielt die Laufzeit des Parsers eine untergeordnete Rolle. Eine schnelle Verarbeitung der Seiten ist dennoch wünschenswert, um eine gute Skalierbarkeit zu gewährleisten. Es gilt sowohl eine hohe Trefferzahl als auch eine hohe Genauigkeit zu erzielen, damit die Ergebnisse des Parsers als zuverlässig eingestuft werden. Je genauer die Ergebnisse des Parsers im Format von idealo sind, desto einfacher sollte der Vergleich durch die Matcher-Komponente werden.

2.2 Die Positionsbestimmung der Produktattribute

Die eigentliche Schwierigkeit der Datenextraktion liegt in der Bestimmung der Stellen, an denen die gewünschten Informationen vorliegen. Es gibt grundsätzlich zwei Möglichkeiten, wie man die Informationen aus den Angeboten extrahieren kann. Wir haben zwischen dem shop-unspezifischen und dem shop-spezifischen Ansatz unterschieden.

Die Initiative Schema.org[3] hat bereits 2011 einen Vorschlag zur Standardisierung von Produktwebseiten gemacht, welcher für eine *shop-unspezifischen* Lösung genutzt werden kann. Schema.org hat einen Standard entwickelt, den Webseitenbetreiber nutzen können, um bestimmte Daten zu markieren. Shop-Betreiber können zum Beispiel die Produktrezensionen, den Preis oder auch den Produktnamen hervorheben. Große Suchmaschinenanbieter wie Google, Microsoft oder Yandex können dadurch einfach relevante Informationen direkt in den Suchergebnissen anzeigen. Die Angebote der Onlinehändler werden somit einfacher gefunden. Laut einer Schätzung von idealo verwenden rund 40% der Shops diesen Standard. Diese Herangehensweise bezeichnen wir als shop-unspezifischen Ansatz, da man generische Regeln verwenden kann, um die standardisierten Informationen zu erfassen. Eine Lösung zum Auslesen dieser Informationen ist recht einfach und schnell umsetzbar.

Alternativ zum shop-unspezifischen Ansatz gibt es die *shop-spezifische* Herangehensweise, d.h. dass für jeden Onlineshop individuell angepasste Spezifikationen für die Extraktion erstellt werden. Die Regeln des shop-spezifischen Ansatzes bilden eine Übermenge des Shop-unspezifischen Ansatzes. Die Umsetzung dieser Variante ist anspruchsvoller, da diese Spezifikationen zunächst erstellt werden müssten. Wir nehmen jedoch an, dass durch diesen Ansatz bessere Ergebnisse im Vergleich zu dem shop-unspezifischen Ansatz gefunden werden.

---

[3] https://schema.org/docs/about.html

Zu Beginn haben wir erste Versuche basierend auf dem Schema.org-Standard unternommen. Wir haben aber schnell feststellen müssen, dass die Schema.org-Parameter oft nicht richtig genutzt wurden. Das Nichteinhalten des Standards hatte zur Folge, dass die Qualität der extrahierten Daten nicht ausreichend war. Auch bei anderen Standards, welche bei der Strukturierung von Produktdaten im Internet helfen sollen, wie zum Beispiel JSON-LD[4] (W3C) und das Open-Graph-Protokoll[5] (Facebook), konnten wir ähnliche Beobachtungen machen. Wir haben uns deshalb gegen den shop-unspezifischen Ansatz entschieden.

Für die Umsetzung der Parser-Komponente haben wir zwei Annahmen getroffen, welche die Konzeption des Algorithmus beeinflusst haben. Wir nehmen an, dass jeder Shop aufgrund der Vielzahl von Angeboten ein Content Management System (CMS) zur Verwaltung seiner Angebote verwendet. Daraus resultierend gehen wir davon aus, dass sich durch die Verwendung eines CMS die Struktur der Angebote eines Shops ähnelt und diese Struktur erlernt werden kann. Außerdem erwarten wir, dass idealo aufgrund der Vertragsvereinbarungen für die zu untersuchenden Shops bereits eine gewisse Menge an Angeboten besitzt und die Produktattribute nicht manipuliert wurden.

2.3 Die Architektur des Parsers

Für die nachfolgenden Erklärungen werden die beiden Begriffe Regel und Selektor definiert. Eine *Regel* ist eine Sammlung von Selektoren für eine bestimme Produkteigenschaft. Jeder *Selektor* dieser Regel stellt eine Wegbeschreibung durch das HTML-Dokument dar. Er führt zu dem gewünschten Element, aus dem das Produktattribut extrahiert werden soll. Der grobe Ablauf der

---

[4] https://json-ld.org/
[5] http://www.ogp.me/

shop-spezifischen Datenextraktion kann in zwei Phasen untergliedert werden:

1 Die Generierung der shop-spezifischen Extraktionsregeln/ Spezifikation

2 Die Anwendung der Regeln auf die vom Crawler erzeugten Seiten

In der ersten Phase werden die Regeln, welche für die Extraktion benötigt werden, mit Hilfe der Daten von idealo angelernt. Diese generierten Regeln werden in der zweiten Phase angewendet, sodass zu jeder Produkteigenschaft genau ein Wert zugeordnet wird. Für jede gecrawlte Seite werden die extrahierten Produktattribute abgespeichert. Die Logik der beiden Phasen spiegelt sich in der Architektur des Parsers wieder. Dieser Parser besteht aus dem Shop Rules Generator (SRG), der Parser-Komponente und dem URL-Cleaner. Die *Parser-Komponente* ist somit lediglich ein Bestandteil des Parsers. Um mögliche Verwirrungen zu vermeiden, wird im nachfolgenden genau zwischen diesen beiden Formulierungen "Parser" und "Parser-Komponente" unterschieden. Auf die Notwendigkeit des URL-Cleaners wird am Ende dieses Kapitels eingegangen. Die resultierende Architektur ist in ABBILDUNG 2 dargestellt.

Die *Parser-Komponente* erhält ihre Eingaben, indem sie Nachrichten aus einer Queue konsumiert. Eine Nachricht enthält eine vom Crawler heruntergeladene Webseite. Der Crawler sendet zusätzlich zu jeder Seite, die Webadresse und die Identifikationsnummer des zugehörigen Shops mit. Nach dem Erhalt einer Nachricht, lädt der Parser vom Shop Rules Generator (SRG) die Extraktionsregeln für den entsprechenden Shop. Sollten die Regeln noch nicht existieren, wartet der Parser solange, bis diese Regeln vom SRG erstellt wurden. Sobald der Parser die Regeln empfangen hat, werden die Produktattribute aus der gecrawlten Seite extrahiert. Zum Schluss werden die extrahierten

Produktinformationen in einer Datenbank normalisiert abgespeichert. Der Matcher greift später auf diese Datenbank für den Vergleich zu.

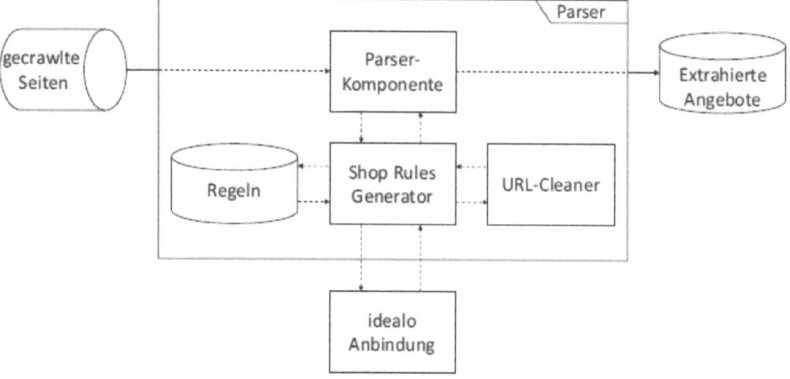

Abbildung 2: Architektur des Parsers

Der *Shop Rules Generator* übermittelt auf Anfrage die Regeln für einen beliebigen Shop. Sollten diese Regeln noch nicht existieren, werden sie generiert. Während des Generierungsprozesses durchläuft der SRG mehrere Schritte. In Abbildung 3 ist der Datenfluss des Vorgangs abgebildet.

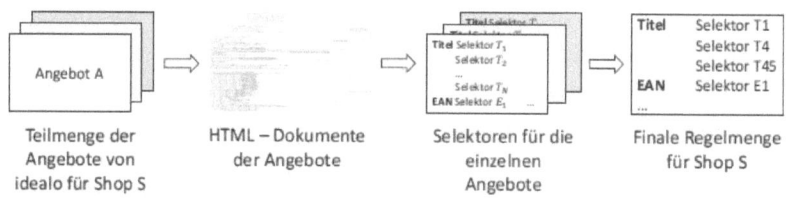

Abbildung 3: Datenfluss des Generierungsprozesses für einen Shop

Zuerst wird eine bestimmte Anzahl von Angeboten aus der idealo-Datenbank geladen. Die Anzahl der zu ladenden Angebote definieren wir als "Sample Size" und kürzen dieses mit SaS ab. Dieser Vorgang erfolgt über einen von idealo zur Verfügung gestellten API-Endpunkt, welcher den Datenbankzugriff über eine REST-Schnittstelle kapselt. Diese Vorgehensweise hat den

Vorteil, dass wir die Infrastruktur von idealo nutzen können und keine Kopie der Angebotsdaten lokal speichern müssen. Zu jedem dieser Angebote liegen die Webadresse, sowie die Informationen über die in Kapitel 2.1 genannten Produktattribute vor. Außerdem wird für jedes Angebot das dazugehörige HTML-Dokument heruntergeladen. Um die Server der Onlineshops nicht durch zu viele simultane Anfragen zu strapazieren, wird nach jedem Download eine fest definierte Zeit gewartet. Für die Menge der heruntergeladenen HTML-Dokumente ist somit bekannt, um welche Angebote es sich handelt und welche konkreten Produktattribute erwartet werden.

Dieses Wissen wird für das Anlernen der Regeln genutzt. Dazu werden die Werte aller Produkteigenschaften in dem HTML-Dokument gesucht. Für jedes Vorkommnis eines Produktattributes wird ein Selektor erstellt, der den Fundort referenziert und einer Regel zugeordnet. Nachdem alle Regeln gesammelt wurden, werden diese bewertet. Alle Regeln, die einem bestimmtem Qualitätsmaß entsprechen, werden in einer anale Regelmenge zusammengefasst und in der Regeldatenbank für zukünftige Anfragen gespeichert.

Einige Onlinehändler manipulieren vor der Übermittlung ihrer Angebote an idealo die Links zu deren Angeboten. Sie fügen zu den regulären Webadressen Trackinginformationen hinzu. Mit Hilfe dieser Trackinginformationen können sie nachvollziehen, welche Kunden durch idealo auf ihrer Seite gelandet sind. Diese Statistiken sind für die Shop-Besitzer wichtig, da sie somit die CPC-Abrechnung von idealo kontrollieren können. Die im Rahmen der Anlernphase getätigten Webseitenaufrufe könnten diese Tracking-Statistiken jedoch verfälschen. Für idealo ist es deshalb wichtig, dass die Trackinginformationen vor dem Aufruf der Website entfernt werden.

Dazu haben wir die URL-Cleaner-Komponente entwickelt, welche Adressen mit Trackinginformationen als Eingabe erwartet und bereinigt zurückgibt. Der Fokus dieser Arbeit liegt auf der Funktionsweise des SRG. Daher wird auf die konkrete Funktionsweise des URL-Cleaners nicht im Detail eingegangen.

2.4 Die Erstellung der Selektoren

Um einen Selektor zu erstellen muss zunächst ein konkretes Element der DOM-Hierarchie bestimmt werden. Dieses Element wird von dem Shop Rules Generator (SRG) in einem vorherigen Schritt ermittelt und stellt den Fundort für ein gewünschtes Produktattribut dar. Es wird zwischen den folgenden drei Knotentypen unterschieden: Textknoten, Beschreibungsknoten und Datenknoten. QUELLTEXT 2.4 enthält jeweils ein Beispiel für alle Knotentypen. Der gesuchte Wert ist in diesem Fall die Produkteigenschaft EAN mit dem Produktattribut 9332721000108.

```
<html>
    <head>
        <meta charset="utf-8">
        (2) <meta itemprop='gtin13' content='9332721000108'>
        <script>...<script>
        (3) <script>
            function f {
                var gtmGuaranteeProduct1 = {
                    "name":"Versicherung für 2 Jahre"
                };
                var product2400462 = {
                    "name":"Product",
                    "ean":"9332721000108"
                };
            }
        </script>
    </head>
    <body>
        <div id='product-details'>
            (1) <span>9332721000108</span>
        </div>
    </body>
</html>
```

Quelltext 1: Beispiele für (1) Textknoten, (2) Beschreibungsknoten und (3) Datenknoten

Textknoten sind Elemente, bei denen das gewünschte Produktattribut innerhalb eines Tag-Paars steht. Das Attribut ist somit ein sichtbarer Bestandteil der Browservisualisierung. Zu den *Beschreibungsknoten* gehören die Elemente, bei denen das gesuchte Produktattribut innerhalb der Attributliste des Elementes vorkommt. Dieses Attribut ist im Gegensatz zum Textknoten kein sichtbarer Bestandteil der Visualisierung.

Die Selektoren der beiden Knotentypen sind ähnlich aufgebaut und bestehen jeweils aus einem CSS-Selektor. Der Aufbau des CSS-Selektors erfolgt analog zu der "Copy selector"-Funktion der Chrome-Entwicklertools. Der Selektor für einen Beschreibungsknoten speichert zusätzlich einen Schlüssel, um das korrekte Elementattribut auszulesen. Die Selektoren für den Textknoten und den Beschreibungsknoten aus dem obigen Beispiel sind in Tabelle 1 aufgeführt.

Knotentyp	CSS-Selektor	Attribut
Textknoten	#product-details > span:nth-of-type(1)	-
Beschreibungsknoten	html > head > meta:nth-of-type(1)[content]	content

Tabelle 1: Selektoren für den ① Textknoten und ② Beschreibungsknoten

Wir haben festgestellt, dass viele Internetshops Javascript auf ihrer Webseite verwenden. Oftmals sind in diesem Fall die produktspezifischen Daten bereits in einer strukturierten Form im Javascript als Objekt in der Javascript Objekt Notation (JSON) enthalten. In dem gezeigten Beispiel im Quelltext 2.4 ist ein solches Skript vereinfacht dargestellt. Analog zum CSS-Selektor wollen wir nun das gleiche Prinzip auf das Javascript anwenden. Der resultierende *Datenselektor* wird aus drei Teilen gebildet. Der erste Teil besteht, genau wie bei den anderen Selektortypen, aus einem *CSS-Selektor*. Dieser CSS-Selektor zeigt zu dem entsprechenden Script-Tag im DOM.

Um innerhalb des Javascriptes das richtige JSON-Objekt zu finden, wird ein Pfad verwendet, welcher durch die verschiedenen Code-Blöcke navigiert. Ein Block ist jeweils durch { und } markiert. Der Block-Pfad entsteht mit Hilfe einer Tiefensuche durch die verschachtelten Blöcke und zeigt auf einen Block, welcher als JSON interpretiert werden kann. Für die Navigation durch das JSON-Objekt wird ein JSONPath erstellt. Der Aufbau eines JSONPath ähnelt einem XPath und ist somit standardisiert nutzbar. Der resultierende Datenselektor sieht wie in TABELLE 2 dargestellt aus.

CSS-Selektor	html > head > script:nth-of-type(2)
Block-Pfad	0 → 1
JsonPath	$['ean']

Tabelle 2: Selektor für den ③ Datenknoten

Häufig stehen vor und nach den gesuchten Produktattributen andere irrelevante Informationen. So befindet sich vor einer gesuchten EAN zum Beispiel der String 'EAN: ', welcher entfernt werden sollte, um eine Bearbeitung überhaupt zu ermöglichen.

Eine generische Verbesserung, welche auf alle Selektoren angewendet werden kann, ist die Trimm-Funktion. Diese Funktion fügt zu den generierten Selektoren Informationen hinzu, wie viele Stellen links oder rechts abgeschnitten werden sollen. Die Werte bezeichnen wir als Left-Cut und Right-Cut. Sollte vor der gesuchten EAN immer derselbe String stehen,

so gibt es keine Streuung in den Left-Cut-Werten. Wenn es sich bei dem Produktattribut um die Beschreibung handelt und diese durch manuelle Änderungen von idealo von denen der Webseite abweicht, so gibt es eine starke Streuung der Left- und Right-Cut-Werten.

Durch die verschiedenen Methoden Selektoren zu erstellen und durch die zuvor beschriebene Trim-Funktion wurde die

Flexibilität des Parser erhöht. Dies hat jedoch den Nachteil, dass ein sogenanntes Rauschen in den extrahierten Daten vorhanden ist. Dieses Rauschen entsteht dadurch, dass aus den gecrawlten HTML-Dokumenten viele Daten extrahiert werden, bei denen nicht mehr bekannt ist, welche extrahierten Informationen korrekt oder falsch sind. Damit die Anzahl der falsch extrahierten Produktattribute minimiert wird, haben wir ein Bewertungssystem für Selektoren eingeführt.

Nach der Erstellung aller Selektoren, wird jedem Selektor ein Qualitätsindex zugewiesen. Für jedes Angebot werden alle Selektoren angewandt und die extrahierten Produktattribute mit denen von idealo verglichen. Je nachdem ob der extrahierte Wert mit dem von idealo übereinstimmt, wird der Index erhöht oder verringert. Ein Ausnahmefall bildet der leere String: Wird dieser String als extrahierter Wert zurückgegeben, so bleibt der Qualitätsindex unverändert. Wir haben uns für diese Variante entschieden, da der leere String die Unterscheidung zwischen einem unerwünschten bzw. falschen Wert ermöglicht.

Bevor die Regeln mit dem Qualitätsindex in der Datenbank abgespeichert werden, werden diese auf das Intervall [0; 1] normalisiert. Alle Regeln mit einem normalisierten Index unter einem bestimmten Filterschwellwert F werden verworfen. Die Parser-Komponente verwendet den Qualitätsindex, um aus allen gefundenen Werten den Besten zu ermitteln. Dazu gruppiert sie nach den extrahierten Werten und summiert den normalisierten Index. Für jedes Produktattribut wird somit nur das beste Ergebnis gespeichert.

3. Die Genauigkeitsmessung des Extraktions-algorithmus

Der entwickelte Algorithmus deckt die grundlegenden Knoten-typen für die Datenextraktion, welche in Kapitel 2.4 eingeführt wurden, ab und ist in der Lage bis zu 70 Seiten pro Sekunde zu verarbeiten. Wie bereits eingangs erwähnt, ist die Qualität der Extraktion für den Vergleich von großer Bedeutung - doch wie exakt ist der entwickelte Algorithmus? Genau diese Frage wird in diesem Kapitel beantwortet. Damit kann eine grobe Aussage für das weitere Matchingverfahren getroffen werden. Außerdem wird darauf eingegangen, wie die Parameter SaS und F gewählt werden sollten, um die bestmöglichen Ergebnisse zu erzielen.

3.1 Die Testdaten der Evaluierung

Sowohl für das Antrainieren der Extraktionsregeln, als auch für die Evaluierung der Ergebnisse wurden die von idealo zur Verfügung gestellten Angebotsdaten verwendet. Für die nachfolgenden Messungen wurden 7500 Angebote von 50 Shops genutzt. Je Händler wurden max. 50 Angebote als Trainingsmenge für die Erstellung der Regeln und 100 Angebote als Testmenge für die Evaluierung verwendet. Die Auswahl der Shops erfolgte zufällig. Alle nachfolgenden Messungen basieren auf einer Momentauf-nahme der Angebotsdaten inklusive der verlinkten Webseiten.

Die Links wurden nicht durch die URL-Cleaner-Komponente be-reinigt, um eine Abweichung der idealo-Angebotsdaten von den Webseiten zu vermeiden. Damit die Trackingstatistiken der Shopbetreiber nicht stark verfälscht werden, wurden nicht mehr als insgesamt 150 Angebote je Shop heruntergeladen. Eine nähere Analyse der Testdaten von idealo ist in der Abbildung 4 darge-stellt.

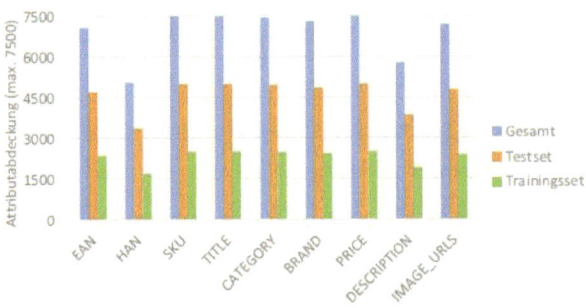

Abbildung 4: Attributabdeckung der Testdaten von idealo

Eine Analyse der gesamten Testdaten hat ergeben, dass für jedes Angebot die Angaben zum Titel, dem Preis und der SKU existieren. Am seltensten existieren hingegen die HAN (68%) und die Produktbeschreibung (77%) eines Angebots. Das Verhältnis der fehlenden zu den vorhandenen Produktattributen der Trainingsmenge ähnelt dem Verhältnis der Testmenge und weicht um maximal 0.88% bei der Produkteigenschaft "Marke" ab.

3.2 Die Messergebnisse

Der Algorithmus kann durch die Größe der Anlernmenge SaS und den gewählten Filterschwellwert F konfiguriert werden. Für diese Messung wurden für jeden Shop 21 verschiedene Konfigurationen getestet. In allen Statistiken wurden die Fälle ignoriert, bei denen idealo keine Produktattribute gespeichert hat. Für alle 50 Shops fehlen bei den untersuchten Produkteigenschaften der Testmenge 7,6% der entsprechenden Werte bei idealo. Für diese Fälle ist es unmöglich zu entscheiden, ob die extrahierten Angebotsinformationen korrekt sind.

Die Bestimmung der Genauigkeit erfolgte durch die Anwendung aller Regelmengen auf die Testmenge. Anschließend wurde ausgewertet, wie oft der extrahierte Wert dem von idealo entspricht. Zudem wurde für die Bestimmung der Precision erfasst, ob der Wert leer ist. In Tabelle 3 sind die typischen Kennziffern Accuracy und Precision für die verschiedenen Konfigurationen basierend auf den Angeboten aller Shops aufgeführt.

F\SaS	Accuracy in %			Precision in %		
	10	20	50	10	20	50
0	50.59	50.78	51.07	72.73	70.81	69.62
0.5	52.12	53.50	**53.98**	88.66	90.39	91.22
0.6	51.87	53.07	53.15	94.15	94.03	94.93
0.7	50.15	51.37	52.02	96.15	96.39	95.86
0.8	47.92	49.69	50.05	97.84	97.81	97.76
0.9	44.61	46.92	46.57	98.16	98.14	98.42
1.0	41.48	39.27	36.00	98.17	97.64	**98.90**

Tabelle 3: Accuracy und Precision bei unterschiedlichen Konfigurationen unter Berücksichtigung der gesamten Angebotsmenge aller Shops

Die Accuracy gibt an, wie oft ein Produktattribut in Bezug auf alle Angebote der Testmenge extrahiert wurde. Die Precision ist etwas feingranularer und rechnet die Fälle raus, bei denen explizit nichts gefunden wurde. Je präziser die Ergebnisse des Parsers, desto einfacher ist der ähnlichkeitsbasierte Vergleich der Matcher-Komponente. Obwohl eine möglichst hohe Precision wichtig ist, muss eine gute Balance zwischen Accuracy und Precision gefunden werden, damit genügend Produktattribute extrahiert werden. Die für unseren Anwendungsfall besten Ergebnisse werden somit für die Parameter SaS = 50 und F = 0.6 erreicht. Bei der gewählten Konfiguration gibt der Parser zwar nur in der Hälfte der Fälle einen Wert zurück, wenn jedoch ein extrahiertes Produktattribut zurückgegeben wird, so ist dies fast immer richtig.

Um eine genauere Aussage zur Precision treffen zu können, wurden alle Nichtübereinstimmungen gesammelt und deren Levenshtein-Distanz zum erwarteten Wert von idealo berechnet. Ca. die Hälfte der Nichtübereinstimmungen weisen eine Levenshtein-Distanz ≤ 3 zum erwarteten Wert von idealo auf und sind somit ähnlich. In Tabelle 4 sind Beispiele für solche Nichtübereinstimmungen gegeben.

Produkt-eigenschaft	extrahierter Wert	erwarteter Wert	Distanz
TITLE	KENZO LELIXIR	KENZO L'ELIXIR	1
PRICE	22642	22644	1
DESCRIPTION	Objektiv, für Canon; EF	Objektiv, für Canon, EF	1
BRAND	jack-wolfskin	Jack Wolfskin	1
BRAND	kuechenprofi	Küchenprofi	2
BRAND	beats-by-dr.-dre	Beats by Dr. Dre	3

Tabelle 4: Nichtübereinstimmungen, welche eine Levenshtein-Distanz ≤ 3 besitzen

Der Tabelle kann man entnehmen, dass oftmals Kodierungsfehler oder unterschiedliche Trennzeichen eine Übereinstimmung verhinderten. Außerdem war es häufiger der Fall, dass der Preis um wenige Centbeträge von der Momentaufnahme der idealo-Daten abwich.

Eine nähere Betrachtung der Kennziffern je Attribut liefert Abbildung 5. Wie erwartet, wird die Produktbeschreibung und die Kategorie selten extrahiert. Dies hängt damit zusammen, dass diese Informationen am stärksten von idealo verändert werden. Interessanterweise wird die HAN ebenfalls selten extrahiert, was mit dem häufigen Fehlen der HAN in den Testdaten zusammenhängt. Die in der Bild-URL enthaltene ID und die Marke werden häufig gefunden und könnten somit nützliche Features für den maschinenlernbasierten Vergleich des Matchers sein.

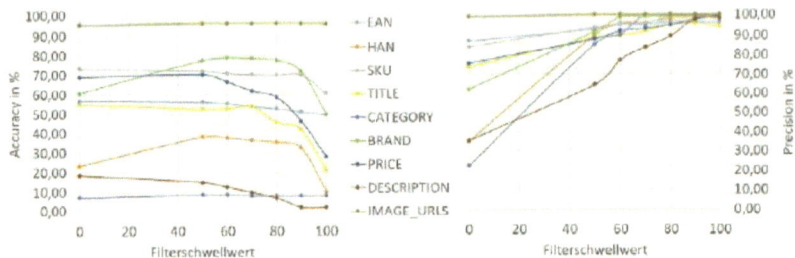

Abbildung 5: Accuracy (links) und Precision (rechts) pro Attribut für *SaS* = 50

Zu guter Letzt kann man dem Diagramm entnehmen, dass der Filterschwellwert ein gutes Mittel ist, um die Accuracy und Precision zu beeinflussen und ein höherer SaS-Wert tendenziell besser ist. Je höher der SaS-Wert gewählt wird, desto höher ist die Accuracy und Precision. Mit zunehmenden Filter-Schwellwert F sinkt die Accuracy, jedoch steigt dafür die Precision der extrahierten Attribute.

In der Abbildung 6 ist für die gewählten Parameter SaS = 50 und F = 0.6 die Streuung der Accuracy und Precision abgebildet.

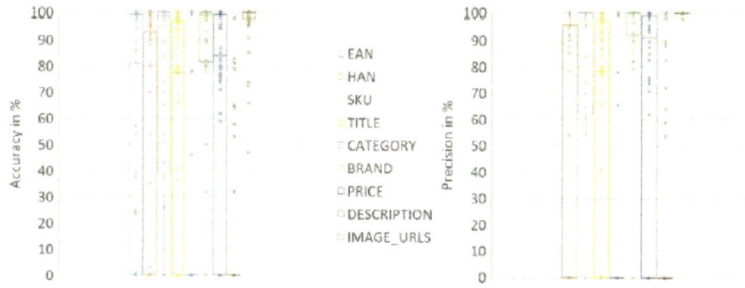

Abbildung 6: Accuracy (links) und Precision (rechts) pro Attribut für *SaS* = 50 und *F* = 0.6

Den Diagrammen kann man zum einem entnehmen, dass es zwar einige Ausreißer gibt, zum anderen wird noch einmal deutlich, dass die Marke, der Bildlink sowie die SKU häufig und genau extrahiert werden. Die Shops, welche stark vom angezeigten Median abweichen, könnten ein guter Anhaltspunkt für zukünftige Verbesserungen der Parser-Komponente sein.

3.3 Mögliche Fehlerquellen der Messungen

Die Annahme, dass die idealo-Daten nicht von denen der Shops abweichen, trifft in der Realität nicht zu. Die Angebotsdaten werden von idealo teilweise manuell oder durch Normalisierungsprozesse verändert. Dadurch können zum Beispiel korrekt extrahierte Produktattribute fälschlicherweise als inkorrekt markiert werden. Außerdem wird die Regelgenerierung durch die Abweichungen erschwert.

4. Der Ausblick und das Fazit

Das Projektpartner idealo ist bereits aktiv dabei, die implementierte Lösung aktiv in deren System zu integrieren und weiter zu verbessern. Für die zukünftige Weiterentwicklung besteht noch Potenzial bei der Entwicklung weiterer Selektoren, damit der Parser weniger von der konkreten HTML-Struktur abhängig ist. Des Weiteren kann man untersuchen, ob die Qualität der Selektoren durch eine gezielte Auswahl der Angebote, welche für das Anlernen verwendet werden, verbessert werden kann. Die Struktur von Shops kann sich unter Umständen innerhalb eines bestimmten Zeitraumes ändern. Eine mögliche Lösung hierfür wäre zum Beispiel die Einführung einer Lebensdauer für Regeln, damit diese nach einer bestimmten Zeit neu generiert werden. Abschließend kann man das Anlernen weiter verbessern, indem man die Normalisierungen der Angebotsdaten von idealo rückgängig macht und an das Format der Shops anpasst. Ein konkretes Beispiel wäre für den Preis nicht nur nach 12,00 zu suchen, sondern auch nach 12,0.

Der Preisvergleich ist ein wichtiges Instrument, um die Markttransparenz im Internet zu gewährleisten. Damit ein möglichst objektiver Preisvergleich sichergestellt werden kann, ist es erforderlich, einen annähernd vollständigen Angebotskatalog zu vergleichen. Das Ziel des Softwaresystems Scout ist es, die Vollständigkeit des idealo-Angebotskatalogs zu untersuchen. Für das Erfassen aller Produkte eines Onlinehändlers stellt die Datenextraktion einen wichtigen und schwierigen Schritt dar. Zur Lösung dieses Problems haben wir eine shop-spezifische Lösung entwickelt. Die Evaluierung hat ergeben, dass der Algorithmus je nach Anwendungsfall eine hohe Präzision erreichen kann. Auf den Testdaten von idealo wurde beispielsweise zwar nur jedes zweite Attribut gefunden, dafür jedoch auch eine Präzision von über 95% erreicht. Die Ergebnisse können nun von der Matcher-

Komponente des Softwaresystems Scout für den ähnlichkeitsba-
sierten Vergleich verwendet werden.

Das Literaturverzeichnis

[1] ALLENSBACH, IfD: Anteil der Online-Käufer an der Bevölkerung in Deutschland von 2000 bis 2016. http://de.statista.com/statistik/daten/studie/2054/umfrage/anteil-der-online-kaeufer-in-deutschland. Version: 2016. – Zuletzt besucht: 2018-07-03

[2] ALLENSBACH, IfD: Anzahl der Internetnutzer in Deutschland, die das Internet nutzen, um Produktinformationen oder Preisvergleiche einzuholen, nach Häufigkeit der Nutzung von 2013 bis 2016 (in Millionen). https://de.statista.com/statistik/daten/studie/171732/umfrage/nutzung-des-internets-fuer-produktinformationen-und-preisvergleiche/. Version: 2016. – Zuletzt besucht: 2018-07-03

[3] EUROSTAT: Anteil der Online-Käufer in Europa nach ausgewählten Ländern im Jahr 2017. https://de.statista.com/statistik/daten/studie/153999/umfrage/ anteil-der-online-kaeufer-in-europa-nach-laendern/. Version: 2017. – Zuletzt besucht: 2018-07-03

[4] EUROSTAT: E-Commerce-Anteil am Gesamtumsatz der Unternehmen in ausgewählten Ländern in Europa im Jahr 2017. https://de.statista.com/statistik/daten/studie/73412/umfrage/e-commerce-anteil-am-gesamtumsatz-der-unternehmen-2008/. Version: 2017. – Zuletzt besucht: 2018-07-03

[5] POHLMANN, Jonas: Hoch skalierbares fokussiertes crawling von Webshops. 2018

[6] SCHWARZBURG, Tom: Unscharfer Angebotsabgleich im E-commerce mit maschinellem Lernen. 2018

[7] ZHAMANAKOV, Dmitrii: Entwurf eines automatisierten Erfassungssystems für Produktangebote. 2018

BEI GRIN MACHT SICH IHR WISSEN BEZAHLT

- Wir veröffentlichen Ihre Hausarbeit,
  Bachelor- und Masterarbeit

- Ihr eigenes eBook und Buch -
  weltweit in allen wichtigen Shops

- Verdienen Sie an jedem Verkauf

Jetzt bei www.GRIN.com hochladen
und kostenlos publizieren